DISCOURS

LES MOYENS DE CONFONDRE,

APRÈS UNE LONGUE RÉVOLUTION,

TOUS LES SENTIMENS DU PEUPLE

DANS L'AMOUR

DE LA PATRIE ET DU ROI.

DISCOURS

SUR

LES MOYENS DE CONFONDRE,

APRÈS UNE LONGUE RÉVOLUTION,

TOUS LES SENTIMENS DU PEUPLE

DANS L'AMOUR

DE LA PATRIE ET DU ROI.

> La bonté d'un prince et la sincérité
> des hommages qu'on lui rend, sont
> la garde d'un roi ; c'est par la clé-
> mence qu'il affermit son trône.
> *Proverbes de Salomon*, chap. 20.

A COMMERCY,

DE L'IMPRIMERIE DE DENIS.

1817.

DÉDICACE

A MESSIEURS LES DÉPUTÉS DU DÉPARTEMENT
DE LA MEUSE,

MESSIEURS,

MEMBRES de la Chambre où se discutent les lois, où se concilient les intérêts du Souverain et les droits du Peuple, c'est à vous que je viens faire hommage de mes recherches, c'est à vos lumières que je les soumets, c'est au caractère imposant dont vous êtes revêtus que j'offre les efforts d'un bon citoyen, pour parvenir à confondre, dans les circonstances actuelles, tous les sentimens du peuple dans l'amour de la patrie et du Roi. Si, comme discours académique, cet écrit manque de clarté, de précision et d'éloquence, je m'en console facilement par l'espoir que vous daignerez accueillir avec indulgence, peut-être même avec encouragement, les essais d'un militaire qui n'a jamais eu d'autre guide, d'autre soutien dans son travail, que l'amour qu'il porte à son Roi, et les vœux qu'il forme pour la prospérité de son pays.

Officier en non activité, jouissant des bienfaits du Souverain, uniforme dans mes opinions, sage dans ma conduite politique, et fier de porter le nom de Français, en lisant la question proposée par l'académie de Lyon : « *Des moyens de confondre, après une lon-* » *gue révolution, tous les sentimens d'un* » *peuple dans l'amour de la patrie et du Roi,* » j'ai saisi avec empressement l'occasion de mettre au jour mon opinion sur cette question importante, étant animé par la pureté de mes sentimens, par un égal amour de ma patrie et de mon Roi, et par la conviction que d'un faible ouvrage il peut naître une étincelle de vérité toujours précieuse, lorsqu'elle tend à la prospérité d'un peuple qui espère tout d'une direction équitable et bienveillante, pour redevenir la première nation de l'Europe et du Monde. Cette question à résoudre offre d'ailleurs d'autant plus d'intérêt qu'au milieu de tant d'opinions contraires tous les calculs de la sagesse, du patriotisme et du dévouement, ne doivent tendre qu'à la centralisation des intérêts et des sentimens, afin que, par cet accord combiné, la France puisse reprendre son assiette dans la balance politique de l'Europe.

Lorsque j'ai pris la plume mon cœur s'est ému, ma tête s'est exaltée ; la patrie, le Roi, le peuple sont venus frapper à la fois toutes les cordes sensibles de mon être. Union divine ! me suis-je écrié dans le transport d'une ame aimante et dévouée ; accord admirable du pouvoir et de l'obéissance, de la reconnaissance et du bienfait, vous me servirez de guide dans la carrière, et, si le succès dément mes efforts, rien ne pourra m'enlever l'orgueil d'avoir entrepris une tâche honorable et sacrée ! C'est ainsi que, sans avoir consulté la législation des différens peuples qui ont passé sur la terre, sans avoir fouillé les détours ténébreux d'une politique toujours incertaine, j'ai taché d'atteindre le but proposé en puisant mes moyens dans la nature; alors, pour mettre plus d'ordre et de clarté dans mes idées, j'ai d'abord appuyé mon raisonnement de quelques observations relatives aux droits des peuples, aux obligations des souverains, et aux motifs généraux des révolutions; ensuite, considérant le Roi dans son caractère public comme le dépositaire du pouvoir et l'ame du gouvernement, et le peuple comme le réservoir des ressources de l'état, j'ai tenté d'établir une correspondance directe entre le peuple et le monarque, afin que d'un échange mutuel de protection et de services, de bienveillance et d'amour, on put obtenir, en résultat définitif, cette confiance réciproque et nécessaire, base éternelle des empires, comme premier garant de la prospérité des peuples et de la grandeur des rois.

J'ai cherché, en conservant la vénération

que tout citoyen doit au chef suprême d'un empire, à écarter les sophismes adroits mais dangereux, les louanges exaltées mais trompeuses, qui, séparant les rois des hommes, voudraient les placer au-dessus de l'humanité, et qui cherchent toujours à dénaturer leur pouvoir en méprisant le peuple qui constitue leur puissance, qui fait leur gloire et garantit leur inviolabilité.

J'ai voulu prouver qu'un peuple éclairé, long-tems nommé libre, souverain, maître du monde, conduit dans ses écarts, encouragé dans ses excès par un faux emploi d'idées philantropiques et libérales, a besoin d'être ramené par la douceur et la persuasion, à la pratique de ses anciens devoirs et à l'exercice de ses premières vertus; et qu'en froissant son amour propre par des injures et des récriminations impolitiques, c'est moins chercher à faire naître le repentir du coupable, que de porter son imagination abusée au paroxisme de la folie.

J'ai dit que la noblesse, le clergé, la

magistrature, l'armée qui forment les premiers rangs de l'état, devaient être soumis à une surveillance sévère de la part du gouvernement, dans leur conduite et les devoirs qui leur sont imposés, parce que si les grands d'un empire, faits pour donner au genre humain l'exemple des vertus, ne remplissent plus eux-mêmes les obligations qu'ils exigent de leurs inférieurs, ils excicent chez ces derniers un juste mépris qui les entraîne bientôt à l'insubordination et à la révolte.

Après avoir considéré les droits respectifs des gouvernans et des gouvernés, et interrogé le cœur de l'homme sur leur nature, j'ai vu d'un côté le pouvoir et la fortune, de l'autre la soumission, le travail et la misère, et j'ai senti, mieux que je n'ai pu l'exprimer, de combien d'égards, de ménagemens et de bienveillance le peuple a besoin pour vénérer, chérir, défendre le souverain dont les agens sont quelquefois injustes et durs, et pour lui ôter jusqu'à l'idée de trouver plus de repos dans des bras étrangers à la légitimité.

Un autre motif m'a soutenu dans mon travail et encouragé dans mes efforts, c'est le projet d'opposer aux clameurs fanatiques la modération pénétrante, et à l'intolérance des partis les inspirations de la sagesse ; alors, recommandant le faible au puissant et cherchant à prouver combien les idées libérales d'un prince et de ses ministres avaient d'influence sur l'esprit public d'une nation, et amenaient de résultats heureux pour la prospérité du genre humain, j'ai placé toute la solidité de mes moyens dans les fonctionnaires faits pour approcher, protéger, consoler le peuple, afin qu'ils pussent transmettre au peuple les intentions paternelles et les bienfaits du Monarque, et au Roi la reconnaissance et l'amour du peuple.

Si je n'avais pas craint, en m'étendant davantage, de devenir diffus, j'aurais grossi mon discours d'une foule de citations et de preuves à l'appui de mon raisonnement (*), mais j'ai préféré, en traitant la question proposée, me renfermer dans les moyens simples, naturels et faciles que, comme homme, j'ai puisé dans le cœur de l'homme, parce que je crois que la plus saine politique est celle qui s'écarte le moins de la nature, et que chez un peuple fraîchement sorti des tourmentes d'une révolution fomentée par ses passions, c'est par ses passions qu'il faut le convaincre de ses erreurs et lui inspirer le sentiment de l'ordre dont il sent déjà le besoin, mais auquel, par une fausse honte, il refuse peut-être encore de se rendre tout-à-fait ; qu'ensuite c'est dans le prétexte même de sa rébellion qu'il faut chercher le correctif, ainsi que les moyens de le ramener au point d'où il était parti et de l'y fixer volontairement.

___

(*) Si je me suis plu à citer plusieurs traits de la vie de Henri IV, c'est que sa modération, sa grandeur d'ame et ses idées libérales, ainsi que la position dans laquelle ce prince s'est trouvé, m'ont paru avoir beaucoup d'analogie avec la question proposée, et que l'on

Voilà les principaux motifs de mon discours ; à chaque phrase, Messieurs, vous
y reconnaîtrez, je l'espère, l'esprit d'un bon
citoyen, l'amour d'un sujet fidèle et la modération d'un honnête homme. Je ne me
dissimule pas cependant que dans l'état de
choses actuelles, cet écrit provoquera la
censure de quelques individus qui, n'en-
visageant que leur propre intérêt ou leurs
vues bornées dans le renouvellement des
gouvernemens, apportent toujours plus de
passions que de jugement dans leurs actions
et leurs discours ; mais, dussé-je porter la
peine de ma franchise, je suis sûr qu'il n'y
a pas un homme raisonnable, de quelque
rang qu'il soit, qui n'ait pensé de bonne
foi ce que je viens de dire.

Daignez agréer avec bonté, l'expression

---

ne saurait trop parler de ses vertus dans un siècle où
on les admire encore ; mais où ceux qui font profession
de les célébrer n'excitent pas tous à les imiter.

sincère du profond respect avec lequel j'ai l'honneur d'être,

MESSIEURS,

Votre très-humble et très-obéissant serviteur,

J. DE LACOURT.

AVERTISSEMENT.

J'ai cru devoir joindre à mon raisonnement quelques notes explicatives, dont la matière ne pouvait point entrer dans le corps du discours sans en ralentir la marche et sans en diminuer l'effet; ces notes d'ailleurs m'ont paru indispensables au développement et au vrai sens des idées qui pourraient en admettre plusieurs.

QUESTION proposée par l'académie de Lyon :

DES MOYENS DE CONFONDRE, APRÈS UNE LONGUE RÉVOLUTION, TOUS LES SENTIMENS D'UN PEUPLE DANS L'AMOUR DE LA PATRIE ET DU ROI.

————————————

» Aucun des mémoires envoyés au concours, n'a paru
» remplir l'intention de l'Académie qui, dans son pro-
» gramme avait considéré toutes les sociétés politiques
» en général, tandis que les concurrens n'ont envisagé
» la question que sous ses rapports avec l'intérêt et la
» situation de la France. »

Cet article inséré dans le journal du Commerce, du vendredi 10 octobre 1817, en me guérissant de la folie de faire ressortir mon incapacité comme homme de lettres, n'a pu m'ôter le desir d'émettre mon opinion comme vrai Français, pour le bonheur de la France ; opinion qui a pu seule me porter à paraître dans la carrière des lettres, à l'âge où les écrivains doivent déjà s'énorgueillir de leurs succès ; voilà l'honorable but que je me suis proposé en livrant cet ouvrage à l'impression, et surtout en le dédiant à Messieurs les Députés du département que j'habite.

DISCOURS

SUR

LES MOYENS DE CONFONDRE,

APRÈS UNE LONGUE RÉVOLUTION,

TOUS LES SENTIMENS DU PEUPLE,

DANS L'AMOUR

DE LA PATRIE ET DU ROI.

LA vérité, la justice, l'amour de la patrie et du prince, voilà quels doivent être les premiers régulateurs de toutes les pensées d'un écrivain. Avec la vérité, un ouvrage est instructif; par la justice il est estimable, et l'amour de la patrie et du prince lui donne une empreinte sacrée qui le rend cher aux cœurs des honnêtes gens. La vérité doit s'avouer avec courage et se dire avec énergie; la justice doit tenir sa balance toujours égale entre les divers intérêts et les différentes passions, et l'amour de la patrie et du prince ne doit être lui-même que l'amour de la vertu.

Bien pénétré de ces principes fondamentaux, qu'il me soit permis en examinant la question proposée, de rapporter mes principales idées sur

I

nous-mêmes; alors, jaloux comme homme de chercher au sein d'une société de gens éclairés, la poss bilité de régénérer l'esprit public, et fier comme Français d'unir mes efforts aux leurs pour tacher de découvrir les moyens de confondre tous les sentimens du peuple dans l'amour de la patrie et du Roi, j'entre avec assurance dans cette carrière nouvelle, et ma plume, quoiqu'inhabile, guidée par un cœur franc, noble, dévoué, osera disputer la victoire.

La question proposée offrirait d'ailleurs d'autant plus de difficultés à résoudre, prise dans un sens applicable à tous les peuples, que chaque état doit avoir un caractère distinct et chaque nation des couleurs locales qui n'admettraient plus les mêmes moyens pour parvenir au même but. Le grave Espagnol, le penseur Anglais, le Français léger demandent des lois et des institutions analogues à la physionomie que chacun d'eux présente dans l'état de sociabilité. Les systèmes généraux en politique, calqués sur une base commune, sont sujets à l'erreur, et le philosophe, entouré de tous les commentaires sur la législation humaine, mais éloigné des peuples dont il parle, étranger aux révolutions qu'ils ont éprouvées, aux prétextes qui leur ont donné lieu, aux événemens qui ont signalé leurs cours, ne présenterait que des idées vagues et des moyens d'une exécution souvent impossible, en prenant la question proposée, dans l'intérêt de tous les empires connus.

Si les hommes offrent entre eux des traits de similitude et un caractère d'analogie qui en font une même espèce dans la nature, n'en devons-nous pas moins distinguer dans l'homme naturel la différence d'habitudes et de besoins, et dans l'homme civilisé celle d'institutions, de mœurs et d'usages qui deviennent, à l'égard du législateur éclairé, la pierre de touche des argumens, fruit de ses veilles et de ses méditations ? Un voyageur instruit, un négociateur habile, iront-ils traiter de même les Hottentots, les habitans des rives de l'Orénoque, le Turc avare et le Français poli ? C'est de la connaissance du caractère de ces peuples que doivent partir leurs opérations, pour obtenir de leurs démarches tout le fruit que l'on attend de leurs lumières; tant il est vrai que les plus grands succès dépendent moins de l'extention du génie, que de la manière d'envisager et de saisir les choses.

Sans remonter à l'origine des premières institutions de l'homme, aux causes de sa civilisation et de ses lumières, nous allons chercher dans un narré succint, dans de légères observations,

les principaux devoirs des peuples , et quelques-
uns de leurs droits dont la légitimité ne peut
être altérée par aucune forme de gouvernemens ; car , si les lois d'un empire investissent
un chef de l'autorité suprême, le chef , en acceptant ce dépôt sacré , contracte en même tems
l'obligation de faire tout pour la prospérité de
ceux sans lesquels il ne serait rien lui même;
c'est dans la sévère exécution de cette conven-
tion tacite entre un peuple et le Souverain que
résident les secrets d'une sage politique, le repos
des monarques et le bonheur du genre humain.
De cette idée vraie, saine et dégagée de toute
opinion contraire , de tout esprit de parti, dé-
coule nécessairement cette pensée sublime de
Pline à Trajan : *Si nous avons un prince, c'est
afin qu'il nous préserve d'avoir un maître.*

En général, les fautes des peuples pourraient
être reprochées au chef de l'état, au vice du
gouvernement, ou à l'incapacité, à la dépravation de ses membres, puisque le souverain, armé
du pouvoir de la persuasion et des lois repres-
sives, peut et doit même arrêter dans son principe toute erreur des gouvernés, et que le
Monarque et ses agents n'ont qu'une volonté
et qu'une action ; tandis que le peuple , répandu
sur la surface entière d'un empire, désuni dans

ses opinions, impuissant dans sa volonté, n'acquiert de force et de consistance dans sa rébellion que par l'impunité de ses premiers écarts. Combien de familles nous présentent dans leur intérieur cette mésintelligence et ces calamités, dont le chef devient toujours le premier responsable, sans que pour cela, les enfans puissent trouver la moindre excuse à leur manque de respect et d'obéissance pour leur père! Soutenons un moment cette comparaison pour rendre mon raisonnement plus sensible.

Le premier devoir d'un père de famille, c'est de protéger la faiblesse et d'assurer l'existence de ses enfans; le premier devoir des enfans envers leur père, c'est d'obéir aveuglément à ses ordres et de suivre toujours sa volonté. D'un côté protection et bienfait, de l'autre soumission et reconnaissance; voilà la base première sur laquelle s'établissent les familles dans l'état de civilisation; mais cette base fondamentale va devenir vicieuse si, content d'assurer sous ses yeux l'existence de ses enfans et de chercher à les garantir des dangers qui menaceraient leurs jours, un père indiscret néglige de leur enseigner le grand art de vivre avec leurs semblables, de leur être utiles, de s'en faire aimer, de tourner en délices les passions du bel âge, et de parer aux besoins comme aux infirmités de la vieillesse. Si, trop sévère, il est despote, si, trop indulgent, il est faible, ses élèves inexpérimentés se prenant bientôt à l'appât séducteur du vice, seront des enfans ingrats et des hommes incapables, méchans, criminels peut-être, qui rempliront ses derniers jours d'amertume et de douleur.

C'est par les soins les plus purs, les plus délicats, les mieux sentis, que l'homme parvient à soutenir le beau titre de père; il est alors le chef de sa famille, le roi de son intérieur, l'ami, le guide de ses enfans; mais au milieu de tant de bienfaits, et pour les perpétuer comme ils lui ont été transmis, il ne doit pas perdre un moment de vue qu'il a des devoirs à remplir envers ces êtres innocens, et que, s'oubliant lui-même, il devient comptable envers Dieu et les hommes de leurs vices, de leurs vertus, ainsi que de l'avenir de malheur ou de félicité que son imprévoyance ou sa sagesse leur prépare..... J'aime à voir dans ce tableau de ménage un peuple et son Monarque, parce que le Monarque est un père et le peuple des enfans qui suivront toujours aveuglément l'impulsion de l'autorité fondée sur la justice, la sagesse et la bienveillance.

Il serait inutile ici de faire la distinction de ces deux pouvoirs qui tendent au même but ; tout le monde sait que si le père de famille embrasse d'un seul coup d'œil ses obligations et les devoirs de ses enfans ; un monarque , ne pouvant tout voir par lui-même est souvent trompé dans ses intentions paternelles , par ceux mêmes desquels il avait droit d'attendre le plus grand dévouement , et qui , liés le plus étroitement à sa cause par leur propre intérêt , s'en éloignent quelquefois le plus par leurs vues basses et leurs passions. Mais ce rapprochement, juste sous bien d'autres rapports , en m'épargnant des dissertations toujours obscures , douteuses et étrangères à mon sujet , me porte à en conclure que le peuple donnant sa confiance au souverain , le souverain doit mériter la confiance du peuple ; que le souverain, veillant à la conservation , à l'indépendance, à la prospérité du peuple, le peuple lui doit son amour, et qu'il est plus facile de critiquer même les meilleures institutions , que de marcher à la tête du premier gouvernement du monde. Feuilletons les écrits philosophiques qui traitent des droits et des devoirs de l'homme , de l'origine et de la décadence des empires, des lois , des institutions , des gouvernemens ; que de contrarlétés n'y trouverons-nous pas? que d'idées sublimes n'y verrons-nous point en opposition l'une à l'autre, et quels résultats obtiendrons-nous pour le bonheur de l'humanité, de tant de recherches scientifiques et d'ouvrages immortels?

Le cœur de l'homme civilisé est un abyme de petites passions anti-sociales que l'on a signalées en général, mais qu'on a toujours dédaigné de saisir individuellement, et voilà peut-être la première source de toutes nos fautes en politique.

En convenant que la société n'est qu'un échange d'indulgence et de services réciproques, il faut avouer que l'homme le plus estimable et le plus utile dans un empire est celui qui, sans froisser les passions de l'homme, détruira successivement ses mauvaises inclinations l'une par l'autre, et fera ressortir avec prudence le germe des passions nobles, délicates et désintéressées, qui, sans lui, auraient toutes avorté.

La manière de guider l'enfance et d'élever l'homme, est donc le premier, le plus sûr moyen d'affermir les fondemens de la société, ainsi que l'harmonie et la puissance des empires. En effet, si l'éducation et l'instruction concourent également au bonheur de l'individu et au maintien de ses devoirs civils et sociaux, c'est sous des rapports bien différens; il importe de ne pas les confondre. Si l'instruction donne les talens qui distinguent, fait les bons magistrats et les grands hommes, l'éducation apprend l'art de vivre avec ses semblables, et de jouir près d'eux des bienfaits de la société. Beaucoup de gens peuvent se passer d'instruction, parce que la connaissance d'un métier quelconque suffit à la masse, et que des études frivoles ou des talens inutiles n'ajouteraient rien à son existence et à son bonheur; tandis que l'éducation, par l'indulgence, les égards et les manières obligeantes qu'elle donne, établit parmi les hommes une harmonie d'intelligence et d'aménité qui les porte à s'aimer mutuellement. Appliquons encore ce raisonnement à la grande famille, et nous dirons : c'est moins par de beaux traités d'économie politique et de grandes maximes de philosophie, qu'un gouvernement doit éclairer le peuple sur ses devoirs, que par des attentions soutenues, et des conseils bienveillans qui, arrivant jusqu'au cœur du peuple, le pénètre également de persuasion, de reconnaissance et d'amour.

Le plus grand malheur du siècle précédent dont nous ressentons encore la funeste influence, c'est l'oubli d'abord, puis le rappel brusque

que l'on a fait de nos droits naturels , de nos devoirs sociaux. Les meneurs philosophiques de ce siècle avaient séduit jusqu'aux premiers rangs de la société , et sur la fin du règne de Louis XV , le devoir et la vertu étaient devenus des problêmes difficiles à résoudre , par la couduite déréglée de ceux qui auraient du en donner l'exemple. On avait oublié que l'homme , parvenu à un certain degré de civilisation , a besoin d'être conduit avec fermeté ; mais avec prudence ; qu'alors les lois répressives doivent veiller sans cesse à conserver l'équilibre nécessaire entre tous les devoirs , les intérêts et les bienséances , en adaptant au même corps politique , une protection et une sévérité impartiales ; qu'autrement le peuple , entraîné par l'exemple et l'impunité du vice , mais retenu par l'impuissance des moyens de s'y livrer , s'indigne , s'exhalte et refuse de se ployer sous le joug salutaire dont s'affranchissent ceux mêmes qui devraient être ses premiers conservateurs.

En cherchant de bonne foi à démêler les motifs qui déterminent un peuple dans ses préférences pour un gouvernement , au préjudice d'un autre , nous trouverons les premiers moyens de conquérir sa confiance et d'obtenir son amour.

Les hommes , dans l'état de civilisation , subordonnent leurs droits pour en assurer la garantie ; ils se donnent des chefs pour maintenir leur liberté ; ils se soumettent aux lois pour établir l'égalité de jouissance dans leurs propriétés, et de protection dans leur industrie : voilà les espérances toujours justes d'un peuple, et les premiers résultats de toute bonne institution sociale. Les dignités et les prérogatives attachées aux emplois élevés, commandent nécessairement le respect, quand l'individu qui en est revêtu, répond à la confiance du gouvernement, et aux vœux du peuple, par l'intégrité de sa conduite et par la noblesse de ses sentimens. C'est là, où le peuple croit remarquer que ces conditions sont le mieux observées, qu'il tourne ses regards, et c'est toujours en espérant rétablir leur éqnilibre rompu, qu'il s'égare sur les pas des factieux qui l'abusent. Nous tirerons de cette idée la conséquence que c'est en vain qu'un gouvernement croirait parer aux abus, en réformant les vices d'administration, sans réformer ses mandataires vicieux, parce que l'homme apre, dur, intolérant, fait détester les plus sages institutions, en les dépouillant de ces dehors flatteurs, de ce velouté d'affection, qui les rendent chères et sacrées.

Le monde politique nous offre aussi une différence de constitutions qu'il serait dangereux de confondre ou de transposer : ainsi, la France, si florissante sous ses augustes Monarques, n'a présenté comme république, qu'un conflit d'opinions contraires, qu'un chaos de crimes et de malheurs. La plupart de nos écrivains ont confondu à cette époque désastreuse l'intérêt de l'homme et la position du peuple ; de là cette foule d'erreurs et de sotises ; de là ces grands noms de liberté et d'égalité qui paraient la licence, et qui n'étaient qu'un prétexte au bouleversement des devoirs les plus respectables.

L'étendue d'un pays, le caractère de ses habitans, ainsi que le degré des lumières d'une nation réclament une forme particulière de gouvernement, à l'exclusion de toute autre. Ce n'est que chez un peuple naissant qu'on peut trouver, dans une république, les vertus mâles et sincères qui constituent sa force et garantissent sa gloire. Comme un plus haut point de civilisation amène une plus grande somme de besoins et de vices, il faut d'autres lois à d'autres mœurs ; et, quand le nom seul de l'honneur n'est plus l'annonce d'un juge impartial, alors des lois répressives et des décorations, fussent-elles légères, doivent servir concurremment à prévenir de nouvelles erreurs, en réveillant l'émulation éteinte des actions nobles et des grandes vertus.

Il y a deux extrêmes dont un gouvernement doit se garantir, dans l'attitude où il il se trouve naturellement placé après le cours d'une longue révolution ; et la modératien, que rejettent les enthousiastes oppresseurs comme les enthousiastes opprimés, devient le seul moyen conciliateur entre les différens intérêts et les passions contraires.

D'abord, n'écoutons point tous ces prôneurs à éloges forcés, tous ces courtisans dangereux qui, fiers de leurs titres, ambitieux d'accroître leur puissance et leur fortune, oublient que c'est à ce peuple, traité avec le dernier mépris, qu'ils doivent l'aisance dont ils jouissent, et les distinctions dont ils s'honorent. Où sont leurs illustres ayeux, compagnons d'armes, soutiens, amis du grand Henri IV ? Ah ! s'ils pouvaient revivre, ils leur diraient de combien de vénération et d'amour ils furent pénétrés lorsqu'ils entendirent ce bon prince s'écrier, dans l'effusion des sentimens paternels qui l'ont fait adorer : *Vive Dieu ! s'en prendre à mon peuple, c'est s'en prendre à moi.*

Disons ensuite, qu'il est reconnu par tous les hommes de bons sens, qu'au degré de civi-

lisation et de lumières où la France est parvenue, elle ne peut avoir qu'un gouvernement monarchique, et que les Bourbons,
descendans du généreux prince que je viens de
citer avec tant de plaisir, sont les seuls qui lui
conviennent pour rois :

1.º Par droit de légitimité à laquelle on ne
peut jamais porter atteinte sans danger d'exposer
l'état aux factions, et au démembrement qui en
devient la funeste conséquence ;

2.º Parce que, engagés par l'honneur et
l'exemple de leurs ancêtres, à faire le bonheur
du peuple, la postérité qu'ils envisagent devien-
drait un frein à leurs passions, si leurs vertus
n'étaient pas garants de leur conduite ;

3.º Enfin, par cette antique vénération qu'ils
ont toujours inspirée à leurs peuples, et que
quelques intérêts passagers et quelques opinions
contraires n'ont jamais pu éteindre dans les cœurs
vraiment français.

Ajoutons en résumé à ces observations : la
liberté et l'égalité n'existent généralement que
dans la garantie d'industrie et de propriété d'un
peuple ; en France, où le peuple concourt à
faire la loi par des députés, la liberté consiste
à obéir à soi-même en se soumettant à cette
loi, et l'égalité signifie que la loi n'y fait excep-

tion de personne ; mais pris dans l'abstrait, ces mots vides de sens sont purement chimériques, puisque les hommes naissent tous avec des moyens inégaux de force et d'intelligence, et qu'une fois réunis en société ils sont forcés à se choisir des chefs et à se donner des lois pour assurer leur indépendance réciproque. Pourquoi donc, rompant eux-mêmes le frein qu'ils se sont imposé volontairement, provoquent-ils ces révolutions qui tournent toujours à leur désavantage, en causant la ruine des plus grands empires, et quels moyens employer après ces terribles secousses pour les ramener au sentiment de leur devoir et à la volonté de leur propre bonheur ?

Avant d'appliquer cette question épineuse aux données générales que je viens de présenter, et pour arriver avec plus de franchise et de clarté aux moyens que je me propose de déduire pour la résoudre, je vais chercher, dans un coup-d'œil rapide, les motifs généraux des révolutions, et la physionomie que conserve un peuple qui sort de ces angoises douloureuses et de ces longs balottemens politiques.

Les mêmes besoins, les mêmes intérêts, les mêmes sentimens ont de tous tems porté les hommes à se réunir en société, à se choisir une

religion, à se donner des chefs. La société à
son berceau unit toutes les familles dans une
seule, et confond les intérêts particuliers dans
dans le bien général, que la religion protège
et que le maître conserve ; mais tout dégénère
avec l'homme, la force, la beauté, la vertu ;
les institutions les plus sages, les principes les
plus purs s'altèrent avec lui ; et tel est l'effet de
notre constitution physique et morale, tel est
l'effet de nos passions tour-à-tour favorables et
contraires, sublimes et terribles, que l'homme
qui fonde les empires les sappe et les détruit.
Développons mon raisonnement pour en venir
aux conséquences.

Je poserai d'abord en principes : Que, comme
partout où il y des hommes il y a des abus,
il n'est point de réunions, point de sociétés,
point d'empires exempts de préjugés et de vices;

Que tout ce qui part du trône est ordinai-
rement juste ; mais, qu'en passant au milieu des
hommes, la volonté royale perd de son caractère sacré et reçoit l'empreinte de la passion
de l'intermédiaire qui finit toujours par en altérer
les traits primitifs.

Que les hauts emplois de la noblesse, du
clergé, de la magistrature, du militaire, n'en-
lèvent rien aux passions de l'homme, et que

les passions de l'homme, souvent dégradent la noblesse, le clergé, la magistrature et le militaire ; alors le souverain ignore et le peuple souffre ; alors le Roi est trompé dans ses désirs et le peuple dans son espoir et son amour.

Je dis plus : les deux premiers pivots sur lesquels roulent toutes les affections humaines, sont l'amour propre et l'intérêt ; si la paresse est la mère des vices, l'orgueil est leur père. L'homme raisonne rarement quand on flatte son intérêt, quand on séduit son amour propre. Voilà les deux premiers mobiles que mettent en œuvre les séditieux et les usurpateurs, parce que ce sont là les deux premiers agens de toutes les révolutions. En effet, avec de belles phrases, de l'or et des promesses de dignités, vous éveillez l'enthousiasme, vous excitez la cupidité, vous enflammez le courage d'un peuple ; couvrez ensuite à ses yeux vos motifs particuliers des couleurs du bien général, et la révolte est allumée. Bientôt ces génies turbulens, ces têtes à systêmes, ces prétendus réformateurs si dangereux, aidés des écrivains sophistiques et des philosophes salariés, soufflent leur venin sur toutes les classes de la société : ils séduisent l'honnête homme, arment le bandit, flattent l'ambitieux, effraient la vertu timide, et conduisent , au milieu des crimes et du désordre, tout un peuple égaré , aux bords du précipice.

Ainsi , quand les premiers ordres de l'état se relâchent dans leur conduite, le peuple s'oublie dans ses devoirs ; ainsi , quand les grands méprisent le peuple , le peuple déteste les grands. Pour qu'un empire marche d'un pas uniforme au milieu des lois qui constituent sa force et sa prospérité , il faut que tous ses membres contribuent également, dans leur position respective , à l'inviolabilité de ces lois.

La noblesse semble s'approcher plus près du Roi : elle doit donc être en tout temps juste, indulgente et sans faiblesses comme le Roi lui-même.

Le clergé doit être tolérant, vertueux, charitable comme le Dieu qui l'inspire et qu'il représente dans ses fonctions sacrées.

La magistrature, en investissant l'homme du droit de juger l'homme, doit elle-même paraître supérieure aux passions des mortels.

L'armée, qui est, comme la magistrature, le bras du gouvernement et la force des empires, ne doit compter dans ses chefs que des hommes justes , désintéressés, courageux , qui aient l'honneur et l'amour de la patrie pour seuls guides et premières vertus.

Retranchez de ces titres les attributions de vertus qu'ils supposent, et celui qui en est pourvu devient d'autant plus méprisable qu'il est au-dessus de ses semblables et qu'il reste en-dessous de ses devoirs; et ce qui constituait la force du pouvoir et le soutien de la faiblesse, la religion négligée et les lois altérées n'offrent plus de garantie et ne présentent plus de barrières contre les attentats du méchant; mais les soins que les séditieux et les perturbateurs de l'ordre social apportent alors à couvrir leurs infâmes projets de couleurs philantropiques et libérales, prouvent assez que, si la vertu est toujours le premier prétexte aux erreurs et aux crimes des peuples, ce n'est que par des moyens simples, naturels, faciles, qu'il faut les ramener à la pratique de leurs anciens devoirs et à l'exercice de leurs premières vertus.

Après tant de révolutions, de crimes et de malheurs, le peuple français, rendu à ses idées religieuses, à ses premières lois, à ses légitimes souverains, nous offre cependant encore l'image d'un convalescent qui, pour être à l'abri des rechutes, n'en présente pas moins dans son ensemble la faiblesse, l'inquiétude, le marasme qui suivent les longues souffrances et les grandes maladies. Comme le médecin observateur, après avoir long temps étudié la cause et l'effet, j'ai cru reconnaître que le plus grand malheur du siècle, c'est que le peuple se croit du savoir, et que l'ignorant présomptueux est toujours enthousiaste dans ses opinions, ses préjugés et ses erreurs. En effet, ce peuple nommé souverain, guerrier, conquérant, après avoir été nourri de libelles et de sophismes, a perdu l'écorce de son ignorance qui faisait autrefois sa simplicité et son bonheur, et se croit à présent au-dessus de mille devoirs qu'il nomme préjugés ; ensuite, accoutumé par les différentes périodes de la révolution à changer de maîtres, il s'est formé une idée à part et bien différente de ce qu'exigent les droits de la patrie et ceux du souverain. Or, pour convaincre ce peuple trop long-tems égaré, pour le réunir, pour triompher de ses préjugés et le porter à confondre tout ses sentimens dans l'amour de la Patrie et du Roi, il faut que le Roi et la Patrie ne fassent plus qu'une cause commune à ses yeux ; il faut que le Roi, dont les intentions paternelles sont les sûrs garants de notre bonheur, se reproduisent dans la noblesse, dans le clergé, dans les magistrats, dans les savans qui éclairent l'humanité, dans les riches qui la consolent, dans le militaire qui défend la Patrie ; enfin dans tous les fonctionnaires faits pour diriger, secourir, protéger le peuple, et qui devraient toujours être auprès de lui les représentans de leur souverain. Voilà où doivent tendre les efforts d'un gouvernement réparateur; voilà les moyens que doivent embrasser les vues bienfaisantes d'un monarque équitable; voilà les résultats heureux que je vais chercher dans le pur dévouement qui m'anime. Cette balance, une fois établie dans son juste équilibre, en conservant la volonté royale dans toute sa pureté, en portant l'auguste et consolante vérité jusqu'au cœur du peuple, réduirait en même temps l'égoïsme de ceux des riches qui, par une autre conséquence de la révolution, ne voyent, n'estiment et n'aiment qu'eux, et ne prononcent les noms de Religion, de Patrie et de Roi, qu'en éludant de se prêter aux devoirs, aux sacrifices, au dévouement que ces noms sacrés leur imposent et devraient leur inspirer. Et, quand le riche enfouit, quand, sous des prétextes spécieux il ne vient point au secours de la Patrie et du Roi, c'est alors la subsistance des peuples qui remplace le superflu du riche pour satisfaire aux besoins de l'état.

Il est certain qu'après une révolution de près d'un demi-siècle (1), au milieu d'une généra-

____

(1) Nous prenons ici la révolution au moment où elle a

tion pour ainsi dire nouvelle, à la tête d'un peuple ardent, tour-à-tour maître, oppresseur, esclave et victime, le souverain pacificateur, le bon père qui s'avance armé du pardon et du bonheur pour reprendre ses anciens droits et ramener le peuple dans ses devoirs si long-tems oubliés et trahis; il est certain, dis-je, qu'à l'exemple du Sauveur du monde, cet auguste Régénérateur du nom français doit éprouver au milieu de ses intentions consolantes des contrariétés inouies et des obstacles incroyables que la malveillance suscite, que la misère agrave et que le sophisme nourrit (1). Cependant, au travers de cette agitation sourde, de cette étonnante avidité à recueillir les bruits chimériques et alarmans qui pourraient encore troubler la paix générale et l'harmonie publique; au sein même

---

commencé à fermenter dans les têtes, et à se montrer à découvert dans les différens systèmes de la philosophie du XVII.ᵉ siècle.

(1) La *Malveillance*: Après les révolutions finies, il existe encore des têtes exaspérées, des intérêts comprimés, des esprits inquiets qui ne voyent renaître l'ordre et la tranquillité qu'avec peine; mais la vigueur du gouvernement peut aisément réduire cette malveillance dont les bases secondaires sont aussi impuissantes que faciles à faire écrouler; il est quelquefois des causes plus graves à la malveillance qui tiennent à la politique secrette des cabinets, et sur lesquelles le gouvernement ne saurait exercer une

de cette défiance que lui a inspiré sa propre infortune, le peuple, en jettant un regard dou-

surveillance trop active, dans un moment surtout, où, pour ainsi dire, maîtres de nos opérations et de notre pays, nos alliés peuvent agir selon leurs intentions cachées. Qui peut, en effet, disconvenir qu'aux yeux d'un gouvernement sage les alliés ne doivent être que des amis de circonstances, avec lesquels il faut garder religieusement les traités, mais envers lesquels on doit prendre en même tems une attitude imposante pour forcer leur propre intérêt à devenir garant de leur fidélité ; car ils ont aussi une famille, une patrie, un roi, et malgré leurs secours, leurs promesses, leur conduite, ne sont toujours des étrangers.

La *Misère*, suite indispensable de longues guerres et des sacrifices que fait un gouvernement, après le cours d'une longue révolution pour rétablir la paix, l'union et l'harmonie entre lui et tant de puissances dont les intérêts et la gloire ont été si long-tems froissés, la misère peut cependant diminuer journellement par les efforts d'une administration éclairée qui calcule sagement les ressources et qui dispense justement les bienfaits.

Le *Sophisme*, si puissant sur des têtes encore chaudes d s systèmes absurdes de liberté et d'égalité impossibles, est l'arme la plus séduisante et la plus dangereuse dont la malveillance se servira toujours pour égarer les peuples malheureux et profiter de leurs discusions ; mais, quand le peuple sera persuadé et heureux, le sophisme tombera de lui-même dans le discrédit et l'impuissance.

Cependant, en nous isolant, des idées et des moyens qui ne doivent appartenir qu'aux premiers magistrats d'un empire, nous dirons que ces trois ennemis puissans, placés entre le monarque et le peuple, disparaîtront sans effort quand le gouvernement voudra descendre jusqu'au peuple pour le suivre dans ses sentimens, dans ses besoins et ses espérances.

loureux sur le passé, soupire amèrement au souvenir seul des malheurs qui ne sont plus, et son ame s'élance avec force vers un avenir de félicité dont le besoin est devenu impérieux pour lui. Car si les passions égarent l'homme aux beaux jours de la vie, rien ne peut effacer dans son cœur le vœu que la nature y a imprimé d'être époux, d'être père, heureux dans ses travaux et paisible sur ses vieux jours ; ensuite après une longue et cruelle révolution le temps et l'adversité ont muri la tête et amorti les passions des hommes exaspérés ; et, quand les enfans, jeunes encore, sont par cela même susceptibles de recevoir les impressions les plus heureuses, honteux de leurs désordres et de leurs faiblesses les pères sont à leur tour disposés à répondre aux bienfaits du gouvernement. Ménageons donc les uns en persuadant les autres, et si les premiers efforts leur paraissent encore pénibles pour reconquérir l'ordre, la perspective de la paix et du bonheur, l'expérience et la persuasion les porteront à des sacrifices indispensables et légitimes, et bientôt l'amour du peuple entier sera le prix des travaux et des bienfaits du meilleur des hommes, du plus vertueux des rois.

Je viens d'indiquer les principes généraux des

révolutions, l'état d'inquiétude et de défiance que conserve un peuple après ces déchirantes convulsions et le besoin qu'il éprouve alors de repos et de bonheur. Afin de développer avec plus de succès mes moyens, pour parvenir à confondre tous ses sentimens dans l'amour de la Patrie et du Roi, je vais donner un apperçu des causes naturelles de l'amour que tous les peuples de la terre ont pour leur patrie, et des saintes obligations qu'un souverain contracte envers Dieu, en acceptant le dépôt sacré de l'autorité.

La reconnaissance, un noble orgueil et le souvenir ont de tout tems sanctifié l'amour de la patrie dans le cœur des peuples policés.

Les productions territoriales d'un pays, nourrissent le peuple qui le cultive, et sa reconnaissance, pour le gouvernement qui le protège, naît de son bonheur.

Les conceptions du génie, les chefs-d'œuvres des arts qui le distinguent, en assurant sa gloire, provoquent son orgueil national.

La terre qui renferme les cendres de ses ancêtres, l'attache par le souvenir, à la patrie qui l'a vu naître et qui doit le réunir à ses ayeux.

Ajoutons à tant de titres un même langage, de mêmes usages, une religion et des lois communes à tous, et nous conviendrons que cet amour de la patrie, le plus actif, le plus légitime des sentimens du cœur de l'homme, en est encore le plus sacré Aussi est-ce pour défendre cette même patrie, pour protéger les lois conservatrices, pour assurer l'indépendance et le bonheur du peuple, qu'un souverain monte sur le trône, et c'est dans cet amour même du peuple pour sa patrie, que le monarque doit chercher avant tout l'amour de ses sujets. Considération que ni le faste des cours, ni le langage corrupteur des courtisans, ni les cris souvent forcés des hommes en place, n'ont jamais pu altérer dans le cœur des bons rois.

Cependant, par l'effet de l'orgueil blessé, qui ne veut rien approfondir, ou des récriminations déplacées, qui ne veulent rien entendre, on confond aujourd'hui les mots et les choses, au point de proscrire les idées libérales, comme nuisibles au gouvernement, et contraires aux intérêts d'un empire. On les punit d'avoir paru en mauvaise compagnie, comme si elles étaient comptables de torts opposés à leur essence, à leur produit. Les idées libérales mal interprétées peuvent amener dans la tête d'un peuple de notre âge, il est vrai, des pensées et des actions contradictoires au maintien de l'ordre social et à l'intérêt public, parce que l'homme civilisé oubliant l'attitude du siècle, celle de la société réclame alors des droits d'égalité, sans songer à la différence de moyens pour l'établir convenablement ; et jugeant des choses du seul point de vue d'où il peut les envisager dans son erreur, se complait dans un abyme d'idées romanesques d'une exécution impossible. Mais les idées libérales sont, dans leur nature propre, un composé de sentimens nobles, élevés, justes, généreux; et si les factieux décorent la licence et la révolte de ce nom respectable, un gouvernement réparateur doit apporter tous ses soins à faire naître et entretenir ces précieuses semences de justice et d'humanité qui produisent toutes les vertus.

Les idées libérales d'un peuple constituent sa force, son union, son amour pour son Roi, et son attachement à ses devoirs. Chez un monarque, elles deviennent la source des belles actions, de l'héroisme et de la prospérité du genre humain. La grandeur du monarque réside moins dans la pompe qui l'environne, dans les nombreuses phalanges de soldats qui veillent aux portes de son palais, dans cette nuée de courtisans, chamarés d'or et de rubans, qui défendent son approche, que dans cet accueil noble, bienveillant, affable qu'il fait à ses sujets , et dans les élans d'amour dont le peuple est transporté à la vue de son Roi.

Analysons cette pensée : le faible ne peut jamais s'élever jusqu'au puissant, et si le puissant ne se fait aimer du faible, c'est toujours avec les yeux de l'envie et de l'amour propre humilié, que ce dernier mesure la distance énorme qui existe entre la fortune et sa misère, entre la grandeur et son néant ; c'est donc au puissant à descendre jusqu'au faible, afin de faire disparaître tout ce que cette comparaison a d'amertume pour le cœur de l'homme raisonnable et sensible. Cette maxime est d'autant plus vraie, qu'elle est fondée sur les préceptes divins de la religion que nous suivons tous. D'ailleurs, un regard, un souris, un geste gracieux du souverain sont autant de bienfaits pour la multitude, et c'est surtout de ces distinctions flatteuses dont le peuple français est avide. Aux combats, comme sous les yeux de son Roi, intrépide et dévoué, il sacrifierait sa vie et sa fortune pour témoigner la reconnaissance que lui inspire la moindre faveur dont la supériorité honore sa faiblesse.

Choisissons pour exemple, à l'appui de ce que j'avance, le Titus français, le meilleur de nos rois, Henri IV, mieux connu, mieux estimé, plus chéri que Louis XII même, surnommé le père du peuple par ses contemporains. (1)

Entouré d'ennemis et d'obstacles pour parvenir au trône de ses ancêtres, le Grand Henri combat, triomphe, dissipe toutes les factions, réunit tous les intérêts et se fait chérir également de ses ennemis et de ses enfans. Talent admirable d'un prince dont la vaillance fit des héros, dont la sagesse fit des courtisans zélés

---

(1) Je ne citerai pas Henri IV, sans parler de Frédéric II, roi de Prusse, surnommé le Grand, parce que les rois sont de tous les pays et qu'ils deviennent les bienfaiteurs de tous les hommes, soit en les gouvernant avec amour, soit en les recommandant aux souverains par leur exemple. Henri! Frédéric! noms chers et sacrés, princes magnanimes vous avez prouvé à la terre que l'humanité, assise sur le trône fait toujours les premiers Rois! Louis XIV fit de grandes choses avec de grands moyens; vous, sans armée, sans finances, sans moyens, vous avez conquis, défendu, protégé vos états; Louis XIV avait l'ame royale et vous l'aviez paternelle; il a fait de son peuple le premier peuple du monde, et vous des vôtres les plus heureux. Dans quelques siècles peut-être on cherchera dans l'histoire le nom, les hauts faits et la grandeur de Louis XIV; mais on trouvera toujours ceux de Frédéric et de Henri, gravés dans le cœur des Prussiens et des Français. Tant il est vrai, que les idées libérales qui portent un prince à descendre jusqu'à l'humanité, l'élèvent vers la grandeur durable! tant il est vrai qu'une gloire passagère importe moins aux peuples que la bienfaisance qui assure leur repos et leur bonheur!

et sincères, et dont les idées libérales rendirent tout son peuple heureux !

Suivons-le dans les combats : grand, généreux, intrépide, il dit à ses soldats qui fuyaient épouvantés : *Tournez la tête, et si vous ne voulez pas combattre, voyez-moi du moins mourir.* Paroles sublimes qui, rendant à ses guerriers leur première audace, les ramènent sur le champ de bataille pour les conduire à la victoire.

Écoutons-le dans les principes admirables de sa politique, lorsque voulant se justifier de n'avoir rien fait pour le brave Crillon, son ami, qui voyait sans se plaindre, des sujets rebelles jouir des honneurs et des dignités qu'il avait mérités ; Henri dit avec sa noble franchise : *J'étais sûr du brave Crillon, et j'avais à gagner tous ceux qui me persécutaient.* Maxime puisée dans un grand cœur et bien capable de ramener les hommes égarés.

'Voyons-le dans l'interieur de ses états, devenir le père de chaque famille, et l'ami de tous les citoyens : *Si Dieu me donne vie,* disait ce grand Prince, *je ferai en sorte qu'il n'y aura point un laboureur en mon royaume qui n'ait le moyen d'avoir une poule au pot.*

Et le grand Roi, qui manifestait ces intentions consolantes, avait, par ses idées libérales, terminé des guerres onéreuses, rétabli les finances, augmenté ses revenus, enrichi son trésor, et diminué les impôts; aussi l'éloge de Henri était-il dans toutes les bouches de son peuple, et son empire est encore dans tous les cœurs.

L'abbé de Saint-Pierre avait coutume de dire : « Quelque plaisir que je puisse éprouver « en voyant louer les bons princes et dans les « livres et dans les cours, je ne suis content « de leur éloge qu'après les avoir entendu louer « dans les villages. »

Sans entrer dans les détours incertains d'une politique toujours locale, dans les circonstances qui suivent les longues révolutions, (1) je vais, suivant cette belle pensée, chercher la vérité de mes moyens dans les secrets de la nature et dans les affections du cœur humain.

Si l'ensemble d'un gouvernement sage et

______

(1) On pourrait employer des moyens de circonstances qu'une politique éclairée ferait valoir avec succès pour confondre, après une longue révolution, tous les sentimens d'un peuple dans l'amour de la patrie et du Roi; par exemple, les droits du souverain réunis dans les intérêts communs de la patrie, sous le prétexte d'une guerre momentanée, ne feraient peut-être plus alors qu'un même objet de sollicitude dans le cœur du peuple.

bienfaisant, si les ressorts d'une administration éclairée et prévoyante font naître l'admiration et l'amour du peuple qui jouit de leurs bien-faits, n'oublions jamais que ce n'est que par les plus petits moyens combinés avec une sagesse infinie, que l'homme agit, existe, et que les empires reçoivent des développemens salutaires qui garantissent leur inviolabilité.

Mercier a dit, avec raison : « L'état est une « chaîne immense dont le souverain forme le « premier anneau ; si le souverain ne veut pas « que la chaîne soit rompue, que son anneau « soit uni fortement au dernier ; alors nulle « puissance ne pourra briser cette étroite al-« liance, elle triomphera du tems, parce que « les générations qui succéderont à la généra-« tion présente, hériteront de son amour, de « son respect et de son dévouement ; une « égale et mutuelle confiance du souverain et « du peuple, telle est la base éternelle des « empires ».

Pour établir cette mutuelle confiance du souverain et du peuple, il faut, en évitant les abus qui ont été le premier prétexte à la ré-volution, attaquer et réduire les vices qui en sont la conséquence nécessaire.

Dans les grandes villes d'abord, où toute

espèce de système s'établit plus facilement, où la corruption est plus grande, où l'homme est plus éclairé, il faut que le gouvernement déploie aux yeux du peuple beaucoup de modération et de sagesse dans son administration ; qu'il vivifie les arts , les sciences et l'industrie par des récompenses ; qu'il soit intègre, désintéressé , impartial dans ses agens ; qu'il protège également tous les individus dans leurs droits respectifs ; qu'il poursuive l'usure, le monopole, l'agiotage qui, nés du bouleversement, gênent le commerce, tuent l'industrie , encouragent la dépravation , usent le crédit et tarissent l'abondance. Il faut que le peuple des grandes villes sente et puisse dire qu'il est bien gouverné, que les mandataires du pouvoir sont justes, que l'esprit du gouvernement tend à concilier et à réparer ; qu'il n'a point d'opinion particulière, ni de systeme de parti ; que la prospérité de la patrie et le bonheur du peuple sont le seul principe de ses opérations, comme le premier moteur de ses travaux et de ses veilles : car , pour obtenir la reconnaissance et l'amour de la masse, il faut composer le bonheur général du bien être particulier ; puisque, semblable au monde dans son harmonie, le gouvernement donne et reçoit , et que si chaque individu devient nécessaire à sa puissance, il doit une égale protection à chaque individu. Mais, pour confondre tous les sentimens du peuple dont l'amour de la patrie et du Roi, ce serait trop peu de parler seulement des grandes villes, dont le commerce, l'industrie, l'abondance, et, si j'ose le dire, l'opinion se réglent sur la conduite du gouvernement; je vais donc m'emparer des organes directs qui peuvent facilement porter la volonté royale au cœur même d'un paysan et la lui faire chérir. L'homme du peuple ignorant et brut ne peut reconnaître la cause que par l'effet; après les périodes marquées d'une révolution malheureuse dont il a toujours été le partisan et la victime, c'est à ceux qui l'entourent qu'appartiennent le droit et le pouvoir de faire arriver jusqu'à lui les efforts de la bienfaisance quand il souffre encore, et de l'entraîner par la persuasion dans des sentimens qui feront ses plus chères délices, une fois qu'il en aura reconnu *lui-même* la légitimité et les douceurs.

Un curé de campagne, un instituteur de village, un maire de petite ville (1), voilà les

____

(1) Ce serait, je crois, m'écarter de la question que d'embrasser en général le système d'un gouvernement. Le peuple des grandes villes ne connaît son pasteur qu'à l'église; les

premiers consolateurs, les premiers guides, les premiers protecteurs du peuple.

Le curé de campagne reçoit l'homme au berceau, le console dans ses misères qu'il partage, l'encourage dans ses travaux qu'il conduit et lui dérobe les angoises de la mort; il suit l'homme dans tous les temps de sa vie, dans toutes les positions de sa fortune; personne, mieux que lui, peut-il faire naître et entretenir les sentimens légitimes que les cris souvent suspects de l'homme en place ne sauraient inspirer. (1)

L'instituteur de village forme le cœur et dirige

---

instituteurs y sont nombreux, savans et choisis; son maire est lui-même un homme qui, par son rang, sa fortune et son crédit, peut au besoin balancer une autorité contradictoire à ses opérations. D'ailleurs le peuple des grandes villes, comme je l'ai déjà dit, est essentiellement soumis aux influences de la politique des gouvernans sous le double rapport de son intérêt propre et de sa position. Ce serait donc errer que de porter sur lui une sollicitude qu'une classe plus ignorante, plus nombreuse et toujours plus oubliée semble seule réclamer dans la question qui fait l'objet de mon discours.

(1) Dans tous les gouvernemens du monde, combien existe-t-il d'hommes en place empressés à défier ou renverser les principes du jour, affectant de dédaigner le peuple qui aurait besoin d'eux, lorsqu'eux-mêmes n'ont plus besoin de lui! De là cette méfiance naturelle du peuple qui récuse ou repouse leurs discours, trop souvent en contradiction avec leur conduite.

l'esprit de cette masse d'hommes dont l'inex-
périence et la candeur reçoivent avec avidité
le sophisme attrayant , et qui deviennent toujours les instrumens aveugles de la malveillance
et de l'ambition , quand ils ne sont pas pré-
munis contre les promesses fallacieuses , contre
les idées fausses de philantropie et de vertu
avec lesquelles on les séduit pour les égarer.
L'instituteur signale les abus , démasque les
préjugés, fonde les devoirs de la génération
présente, et forme en même tems la génération
future en jettant dans les cœurs innocents qui
lui sont confiés la semence productive des
bons principes et des sentimens légitimes ; d'ailleurs le peuple des campagnes est toujours dis-
posé à placer sa confiance dans les individus
qui ont de l'instruction, des lumières ou des
talens ; et cette confiance devient aveugle quand
elle est justifiée par la pratique de la sagesse
et la régularité de la conduite. Quel empire
ne prendrait point alors sur ce peuple soumis
un instituteur honnête homme , sage, indulgent, éclairé? et quel parti ne tirerait-il pas
de la confiance et du dévouement de ces hommes
simples et bons pour les porter à confondre tous
leurs sentimens dans l'amour de la patrie et
du Roi?

Le Maire d'une petite ville, placé entre le pouvoir et la justice, peut soutenir le faible, secourir l'indigent, garantir les droits, et assurer au Roi l'amour du peuple, et au peuple la bienfaisance du souverain, dont il est le plus intéressant organe.

Le peuple, d'abord préparé par les soins, les conseils et l'exemple de son pasteur; soutenu en même tems dans ses devoirs par l'instituteur qui mêle aux bienfaits d'une éducation simple et suffisante, les préceptes d'une morale solide et pure; secondé ensuite dans ses intérêts par la justice de son premier magistrat, en donnant tout son amour aux dignes fonctionnaires qui l'approchent, ne verrait plus dans la patrie qu'un Roi bienfaisant qu'il révère, et dans le Roi qu'une patrie sacrée qu'il adore.

Réunissons donc ces trois respectables états sous la protection du prince. Après un sévère examen de la moralite de l'homme et à un âge prescrit par la décence et la raison, pour être reçu curé (I), donnons au pasteur de cam-

---

(1) La politique qui s'écarterait des idées naturelles manquerait nécessairement le but que doit se proposer toute institution sociale. Comment veut-on qu'à l'âge des passions, des folies, des erreurs, l'homme puisse représenter Dieu avec dignité, le faire parler avec grandeur, et donner l'exemple

pagne les moyens d'exercer la charité dont notre religion nous prêche la morale et nous offre l'exemple. Établissant un concours pour être reçu instituteur de village, entourons cette place de quelques distinctions, toujours chères au cœur de l'homme, et exigeons pour être admis à cet emploi, des mœurs et des principes sûrs. Investissons le premier magistrat d'une petite ville des droits sacrés que l'équité réclame en faveur de la justice, car si le gouvernement a des agents qu'il entretient pour faire valoir ses droits sur le peuple, l'équité ne réclame-t-elle pas, en faveur du peuple, des agens dont l'autorité puisse balancer le crédit des premiers et maintenir une justice égale entre ces deux parties naturellement opposées d'intérêt l'une à l'autre. Formons même un conseil général de maires (1) qui pourront au besoin, franchir cette

---

des vertus qu'il commande ? Comment exiger, avec une tête de vingt ans, que l'homme soit tolérant dans ses opinions, austère dans sa conduite, et sage dans toutes les actions de sa vie ?.... Ne pourrait-on pas former un séminaire de prêtres destinés à devenir curés, et ne les nommer à ce respectable emploi qu'à l'âge où l'homme peut inspirer du respect aux jeunes gens et de la confiance à la vieillesse ? Combien de fruits ne tirerait-on pas de cette mesure salutaire, et combien de poids ne donnerait-elle pas à la religion dans le faible esprit des hommes ?

(1) J'entends par conseil général de Maires, non les con-

filière d'obstacles qui s'élèvent entre le peuple et le monarque ; alors la piété, l'instruction, la justice se réuniront de concert pour persuader le peuple et le porter à confondre tous ses sentimens dans l'amour de la patrie et du Roi.

En cherchant à saisir le vrai sens attaché à ce qu'on appelle proprement le peuple, je n'ai point prétendu parler de cette foule d'oisifs, inquiets et d'intriguants avérés qui, généralement répandus dans les grandes villes pour y exercer leur fatale industrie, sont immédiatement placés sous la surveillance des lois ; je désigne ici cette classe laborieuse, pauvre, ignorante, facile à égarer, qui reconnaît moins l'intention que le bienfait, et dont l'amour est le plus sûr rempart des souverains et le premier garant de leur immortalité.

Au risque de me répéter, j'insisterai donc sur

---

seils généraux de préfecture, non les conseils municipaux qui, discutant les intérêts de leur ville, sont représentés par le magistrat qui les préside ; mais une chambre composée à cet effet d'un certain nombre de maires choisis et siégeant dans la capitale qui, dans le rapport qu'ils pourraient adresser au souverain lui-même, instruiraient directement S. M. de ce que les agens du gouvernement ont souvent intérêt de cacher au monarque. Par ce moyen on balancerait les droits de l'autorité et ceux de l'obéissance, les bienfaits du monarque arriveraient jusqu'au peuple, et l'amour du peuple entourerait le trône.

les moyens, légers en apparence, que j'ai cherché à développer; moyens dont l'ensemble constitue la force et l'harmonie du monde, de l'homme et des empires.

Il n'est pas douteux que l'habitant des villes, l'homme éclairé, l'honnête homme ne sachent rendre justice aux intentions bienfaisantes d'un gouvernement réparateur dont les dettes sont immenses et sacrées; mais ce bon cultivateur qui, tout le jour courbé sur sa charrue, ne songe qu'au ciel qu'il implore et ne voit que la terre qui le nourrit; mais sa nombreuse et estimable famille, qui ne sort jamais des idées du ménage et de l'économie, peuvent-ils l'un et l'autre juger des efforts du gouvernement et des soins paternels du monarque, s'ils n'en ressentent point encore les effets, et si les agens intermédiaires, placés entre le trône et l'humble foyer, n'en adoucissent l'attente en leur faisant envisager l'avenir consolant qui leur est réservé ? Cette portion du peuple, la plus nombreuse et la meilleure, qui assure des ressources à l'état par son travail, qui lui donne de bons défenseurs dans ses enfans, a besoin de conseils contre la malveillance, a besoin d'amis contre le malheur.

Il est prouvé que les habitans des campagnes

sont modestes, reconnaissants et résignés ; mais après tant de sacrifices faits et à faire, la plupart nés au sein de la révolution, ou revenus des camps, attendent la voix de la sagesse pour leur faire oublier de vains préjugés et des consolations pour leur faire supporter la misère. C'est donc par des moyens persuasifs que la politique doit songer à faire reculer la génération présente pour la ramener à cette bonhomie, à ce caractère de franchise, de simplicité et d'honneur que le français a déployé avec tant d'avantage dans la période de sa gloire et de sa prospérité ; car plus une révolution a été longue et violente, plus les têtes ont été exaspérées, et plus on doit apporter de prudence à éteindre, jusques dans son foyer, la dernière étincelle de ce feu dévorant. La sagesse calcule sans emportement, agit sans violence et réussit toujours sans effort ; tandis que les lois purement répressives compriment sans convaincre ; leur effet est sûr, mais momentané : aussi combien seraient faux tous les calculs de la politique humaine si, trop emporté dans ses récriminations, ou trop peu juste dans ses mesures, le gouvernement oubliait que presque toutes les classes du peuple sont présentement composées d'hommes étrangers aux principes désastreux de la rélution , et de militaires rentrés dans leurs foyers ; que cette masse d'hommes a besoin de consolations et d'appui , et qu'en déployant toute sa sévérité sur les têtes exaltées, sur les cœurs coupables , s'il s'y en trouve , il doit en même tems vérser toute sa bienveillance modératrice sur les honnêtes gens qui en forment la majorité , parce qu'il faut persuader l'homme pour le convaincre, et que , si par la force on soumet un peuple, si par la tyrannie on l'enchaîne , ce n'est que par la persuasion qu'on obtient son amour. (1)

La persuasion en politique est comme la grace

_____

(1) Chefs d'armée, prêtres , magistrats , fonctionnaires publics ! vous , faits pour donner l'exemple de la magnanimité, de la clémence, de la justice, dois-je vous dire que votre hauteur, votre intolérance, vos faiblesses deviendraient les premiers ennemis de la plus belle cause ? En faisant éprouver au peuple des vexations, vous légitimeriez plutôt ses erreurs que vous ne le rameneriez à ses devoirs. Entourez le trône auguste de Louis, de l'éclat de vos vertus , appuyez-vous de l'exemple de notre bien aimé souverain dans sa modération et sa bienfaisance, et vous serez vénérés , servis par ceux de qui vous vous feriez haïr en leur montrant le mépris qui dégrade et le despotisme qui révolte. N'oubliez jamais ces belles paroles que Henri IV adressa au parlement qui avait tenu ses séances à Tours pendant les troubles de la ligue :

Messieurs, je vous prie de ne plus vous souvenir du passé ; j'ai oublié et pardonné les injures qu'on m'a faites ; je vous exhorte d'oublier et d'abolir celles que vous avez reçues.

en religion, elle sait s'insinuer également dans le cœur de tous les hommes. Le malheureux l'accueille avec avidité et la savoure avec consolation. Rien ne résiste dans son âme à ce charme tout puissant; et si la malveillance, en prenant son masque imposteur, est parvenue à égarer ces hommes tout près de la nature, que ne pourra point faire sur eux la douce assurance d'avoir pour les gouverner un monarque sage, éclairé, bienfaisant, dont toutes les actions de la vie tendent au bonheur de son peuple, dont tous les épanchemens du cœur n'aspirent qu'à le rendre heureux !

Pieux et vénérable pasteur ! placé entre Dieu et l'homme, mêle à tes exhortations religieuses, à cet avenir de béatitude que nous assurent la vertu et l'accomplissement de tous nos devoirs, l'amour sacré du Monarque, de ce représentant de la divinité sur la terre, et qu'après Dieu nous devons implorer comme seconde providence et chérir par-dessus tout !

Toi, rustique instituteur des villageois ! mêle aussi à cette instruction sage et suffisante, que tu es chargé de leur donner, ces préceptes d'ordre, cet amour de la patrie et du Roi qui font les bons citoyens et qui rendent les peuples heureux !

Et toi digne magistrat de cette classe inté-
ressante! donne aux pères de famille l'exemple
de la justice et de la bonté pour que leurs enfans
soient soumis et reconnaissants; rappelle au
maître les égards et les soins qu'il doit à son
serviteur, pour qu'à son tour le serviteur n'oublie pas le dévouement et la fidélité qu'il doit
à son maître! Médiateur des intérêts opposés,
conciliateur des opinions contraires, protecteur
du faible qu'on opprime, soutien de l'infortuné
qu'on délaisse, que ton humanité, que ton
courage, que ta persévérance fassent parvenir
le soupir du malheur jusqu'à l'oreille du meilleur des rois; la voix de la justice n'expirera
jamais au pied du trône de Louis XVIII, sans
arriver jusqu'à lui!

O Monarque équitable! modèle des rois,
trésor inépuisable de vertus, de clémence! si
tes regards paternels se reposent un moment
sur cet écrit, c'est à ton ame généreuse et ma-
gnanime que j'en rappelle; dis-le, ne sont-ce
pas là les moyens simples et sûrs, ceux qui
te plairont pour arriver jusqu'au cœur du peuple,
l'encourager dans ses travaux, le conforter dans
sa misère, le vaincre dans ses préjugés, et pour
repousser la malveillance et confondre enfin tous
les sentimens dans l'amour de la patrie et du
Roi!

Si j'insiste à ce qu'il soit établi une correspondance directe entre le monarque et le peuple, c'est que le monarque est bienfaisant et que le peuple est ductile; c'est que les ministres, quoique justes, ont des agens qui ne le sont pas toujours; c'est que le gouvernement ne peut employer que des moyens généraux d'amélioration publique, et que pour les appliquer avec discernement aux individus il faut les connaître, afin que chacun d'eux concourre selon ses ressources et facultés au but proposé. Si je joins à ces considérations la nécessité d'un contre-poids à l'autorité secondaire, c'est que le peuple qui souffre ne peut donner son amour au souverain qu'il ne connaît pas et dont les représentans peuvent être injustes au préjudice et du souverain et du peuple.

Les phrases devenues insignifiantes par le long et funeste abus qu'on en a fait et qu'on en fait encore tous les jours, ne suffisent plus pour convaincre le peuple. C'est à vous que j'en appelle, Ecrivains trompeurs ou égarés; (1)

____

(1) Sextus Aurelius Victor (*de Cæsaribus*), parlant des écrivains dans sa notice sur Postume, s'explique comme on pourrait souvent le faire de nos jours :

« Genus hominum, præsertim hac tempestate, venale, cal-
« lidum, seditiosum, habendi cupidum atque ad patrandas
« fraudes velandasque quasi à naturâ factum ».

vos discours éloquens parés du beau nom de Louis , loin de puiser dans ses vertus l'exemple de la modération et de la clémence , ne sont que d'affreuses diatribes faites pour repousser les cœurs et éterniser les haines. Vous voulez cicatriser les plaies, dites-vous , et vous meurtrisez le membre encore saignant de sa blessure! vos déclamations outrées et hors de propos sentent la passion sans respirer l'amour ! vos récriminations sont bien plutôt l'effet du fanatisme d'un esprit intolérant, que la douce influence d'un jugement sage et éclair éDans tous vos écrits amphatiques vous ne louangez le meilleur des princes qu'en accablant son peuple qu'il aime ; ne savez-vous donc pas que le chef suprême d'un empire est tout puissant, qu'il dispense les graces , qu'il peut faire des heureux, que par conséquent il n'a nullement besoin de vos basses flatteries pour se faire adorer? Oubliez-vous que le peuple réclame des égards et des ménagemens; qu'il ne donne son amour et sa reconnaissance qu'en échange des bons procédés ; que malgré l'abjection que vous en faites , il est le plus ferme appui du trône ; qu'il immortalise dans la tradition des cœurs les monarques généreux qui sont ses protectenrs; que c'est à lui que vous devez toutes vos veilles, et qu'en recommandant le peuple au souve-verain , c'est servir le Roi dans ses intérêts les plus chers et ses intentions les plus sacrées ? Que signifient ces anathèmes que vous lancez contre les révolutionnaires , déjà proscrits dans l'opinion publique , lorsqu'à peine il existe encore une poignée de factieux épars et im-puissants , qui ne peuvent échapper à l'œil sévère d'une police active et épurée ? Pourquoi nous parler sans cesse d'un homme malheureusement trop célèbre, mais puni , mais oublié, et dont l'e-xistence est aujourd'hui tout-à-fait séparée même des intérêts de ses plus chauds partisans? Ignorez-vous qu'en brusquant ainsi les opinions passées, en rappellant toujours des illusions détruites et des sentimens coupables, mais de-venus étrangers , c'est irriter l'amour propre? D'où vient cet abus de phrases et d'injures qui ne peuvent qu'exaspérer la tête et froisser le cœur d'un peuple rendu à ses légitimes sou-verains, à ses devoirs naturels , à ses institu-tions légales , et qui , malgré l'état de souffrance et de faiblesse où il se trouve encore , sourit à l'avenir prochain de repos et de bonheur qui lui est assuré sous les auspices du plus magna-nime des monarques ?

Ecrivains trompeurs ou égarés ! au lieu de

rechercher les ennemis de la plus belle cause, de la cause la plus légitime, c'est à lui conquérir les cœurs que vous dites aliénés, que vous devriez consacrer vos talens ; c'est à ramener les esprits, c'est à concilier les intérêts, c'est à porter le peuple à confondre tous ses sentimens dans l'amour de la patrie et du Roi que vous devez employer tous vos efforts !

Je le répète donc, il faut que le clergé, pour parvenir au but désiré, soit soumis à une attention sévère ; il ne s'agit pas seulement de rendre au culte l'éclat que la révolution lui avait enlevé, mais aux cœurs la croyance que le culte leur inspirait : or, pour prêcher efficacement la pratique des vertus, il faut les professer soit même avec fruit, et savoir toucher les cœurs avec une prudente énergie.

L'état d'instituteur de village n'admet peut-être pas, par son discrédit dans l'opinion publique, l'élévation de sentimens et la pureté de mœurs nécessaires pour former l'instruction morale du peuple ; mais quelques distinctions données par le gouvernement à cet état respectable pourraient appeler aux concours une foule d'hommes sages qui, dans ces devoirs précieux, trouveraient le bonheur.

La place de maire, purement honorifique,

où l'homme ne peut envisager que l'espoir de faire du bien à l'homme , est peut-être trop soumise aux influences des fonctionnaires du gouvernement , desquels cependant cette place devrait faire une classe bien distincte. Le conseil-général de Maires , que j'ai proposé, en donnant une marche sûre aux opérations de ces magistrats , en repoussant l'injustice directe , en faisant valoir les droits particuliers , distribuerait également les rayons bienfaisans de la protection du prince , sans nuire aux intérêts d'un gouvernement chéri.

Il serait inutile de parler des lois , des opérations ministérielles et des travaux du gouvernement , la bienfaisance active émanée du trône, les lumières reconnues de nos premiers magistrats doivent concourir d'un commun accord à assigner les rangs , à maintenir les droits , à assurer les fortunes et à opposer une barrière insurmontable aux attentats que quelques esprits séduits ou salariés voudraient peut-être encore commettre dans le sein d'une société régénérée qui ne doit plus former qu'une même famille.

En effet, au milieu d'une population immense, au sein de tant d'intérêts contraires , peut-être même en contact avec les efforts d'une politique secrète et étrangère, le gouvernement ne doit pas se départir un moment de sa surveillance et de sa sévérité; mais cette surveillance conservatrice, cette sévérité justement répressive ne doivent pas arrêter non plus les effets de la bienveillance du prince, ni les consolations que le peuple réclame du gouvernement. Voilà pourquoi, après avoir pris en considération les intentions généreuses du Monarque, et la position critique du peuple, j'ai cherché à rapprocher les sujets de leur maître et le souverain de son peuple; afin que, dans un échange mutuel de bienfaits et de reconnaissance, de dévouement et de protection, le peuple put gagner l'estime de son roi, et le roi l'amour de son peuple.

C'est par cet équilibre combiné et maintenu avec sagesse entre le pouvoir et l'obéissance, entre la volonté et son effet que tous les grands princes ont conquis l'amour de leurs sujets, devenus leurs enfans! Marc-Aurèle, Titus, Trajan, Henri IV sont encore adorés, et parmi tant de souverains dont les armes, le génie et les exploits ont illustré le règne, eux seuls jouissent à jamais dans les cœurs des peuples, de cette immortalité que la bienfaisance et la justice assurent aux bons Rois.

ÉPITHALAME

SUR LE MARIAGE

DE SON ALTESSE ROYALE

CHARLES-FERDINAND,

FILS DE FRANCE, DUC DE BERRY,

AVEC

LA PRINCESSE CAROLINE,

DE NAPLES.

AVERTISSEMENT.

Lorsque la France reçut la nouvelle du mariage de Son Altesse Royale Charles-Ferdinand, fils de France, duc de Berry, avec la princesse Caroline, tous les Français s'empressèrent à l'envi de témoigner leur amour pour les Bourbons et le bonheur qu'ils éprouvaient, en fêtant ce beau jour. Un concours fut ouvert aux Muses solitaires et timides : le sujet était grand et le prix glorieux. Chanter l'union d'un Prince français avec une Princesse accomplie ; représenter dans l'avenir les rejetons d'une race illustre et chère, héritant des vertus de leurs ancêtres, pour affermir la paix et le bonheur chez nos neveux ; rivaliser d'efforts, d'amour et de talent pour remporter une palme aussi belle, tels sont les sentimens qui ont donné lieu à l'Epithalame que je joins ici. Cette pièce, lue en séance publique dans une petite ville, obtint un succès d'autant plus flatteur qu'il était naturel, et que les éloges qu'elle remporta ne furent point l'effet d'une basse adulation ; mais l'abandon du même sentiment qui l'avait inspirée. Je n'ai pu résister au désir, en mettant

au jour les idées d'un bon Français sur les
moyens de confondre tous les sentimens du
peuple dans l'amour de la patrie et du Roi,
de produire ici des vers couronnés dans une
circonstance aussi grande et pour un sujet aussi
beau. Puissent mes Lecteurs éprouver une partie
des émotions délicieuses qui m'ont animé moi-
même en les composant, et qui ont fait ma seule
et bien douce récompense!

ÉPITRE D'ENVOI

A MONSIEUR
DARLU DE ROISSY,

CHEVALIER DE L'ORDRE ROYAL ET MILITAIRE

DE SAINT-LOUIS,

MAIRE DE LA VILLE DE COMMERCY.

———

O MAGISTRAT ! dont la douce équité
Annonce partout la présence,
Accordez-moi quelqu'indulgence,
Et recevez mes vers avec bonté.
C'est un même élan de tendresse,
C'est un même désir, c'est un même transport
Qui nous font faire un même effort
Pour célébrer notre allégresse.
Ah ! si mes vers sont imparfaits,
De ma Muse novice excusez l'impuissance ;
Il est bien plus aisé d'admirer la clémence
Et d'adorer la bienfaisance,
Que de proclamer les bienfaits !
Dans le concours où la victoire appelle
Tous les poëtes du canton,
Ma Muse, je le sens , a prouvé plus de zèle
Que de talent, que de raison.
Souvent une fleur solitaire
Qui charme au sein de la forêt,
Dans nos jardins nous paraît étrangère,
Croît sans éclat et passe sans effet.

Mais si du Temple de mémoire
Ma Muse n'a point les honneurs,
Accordez-lui quelques faveurs,
Un seul de vos regards fera toute sa gloire.
Magistrat éclairé, plein de goût et d'esprit,
Citoyen vertueux et sage,
Vous qu'on révère et qu'on chérit,
Aux renoms qui font tant de bruit,
Je préfère votre suffrage.

ÉPITHALAME EN STANCES,

SUR LE MARIAGE DE SON ALTESSE ROYALE

CHARLES-FERDINAND,

FILS DE FRANCE, DUC DE BERRY,

AVEC

LA PRINCESSE CAROLINE.

———————

Quels cris, quels transports, quelle ivresse,
Quels chants viennent frapper mon cœur !
Ce sont des transports de tendresse,
Ce sont des élans de bonheur.
La fortune, le rang et l'âge,
Tout se confond, tout s'encourage ;
Tout s'apprête pour un grand jour ;
Et, dans la gaîté qui pétille,
Ce n'est partout qu'une famille,
Qu'un même esprit, qu'un même amour.

———————

Une illustre et belle alliance,
L'honneur, l'appui du nom Français,
En concentrant notre espérance,
Va donc combler tous nos souhaits !
Voilà d'où nait cette allégresse,
Voilà d'où provient cette ivresse,

Ces élans, ces cris de bonheur,
Dans le jour heureux qui s'apprête,
Chacun en célébrant sa fête,
La chante avec l'accent du cœur.

Loin de nous ces chants de victoire,
Hymnes funèbres des combats ;
Les vaines pompes de la gloire
N'en masquent point les attentats.
En vain, pour parer sa conquête,
L'ambitieux paye une fête,
Où le flatteur court aplaudir ;
Au sein de cette ivresse impure,
J'entends soupirer la nature
Et n'apperçois point le plaisir.

Accourez, Princes de la terre,
Et vous Potentats glorieux ;
Voyez ce bon Roi, ce bon père
Couronné par un peuple heureux ;
Voyez cet auguste hyménée,
Garant de notre destinée,
D'un Roi le premier des bienfaits ;
Et jugez, par notre allégresse,
Qui jouit mieux dans son ivresse,
Ou du prince ou de ses sujets.

Noble fleur de Chevalerie,
Un preux, un héros, un Bourbon,
Veut enfin rendre à la patrie
Paix, gloire, honneur et rejeton,

Charles-Ferdinand, fils de France,
Pour prix de tant de bienfaisance,
Vois nos transports reconnaissans !
Nous et nos neveux d'âge en âge,
Pour t'adorer dans ton image,
Nous renaîtrons dans nos enfans.

———————

Toi, Princesse illustre et chérie,
Objet de nos vœux assidus,
Verse aussi sur notre patrie
Tout le baume de tes vertus.
Si nos blessures sont terribles,
Nos cœurs n'en sont que plus sensibles ;
Ils sont ouverts à tes bienfaits,
Et déjà tu comptes en France,
Pénétrés de reconnaissance,
Autant d'amis que de Français.

———————

O Ferdinand ! O Caroline !
Couple auguste, couple adoré,
De Saint-Louis race divine,
Pour nous ton bonheur est sacré.
Que de l'un à l'autre hémisphère,
On consacre l'anniversaire
De ton hymen, de ce grand jour !
Qu'on y chante ta bienfaisance,
Qu'on y célèbre ta puissance,
Qu'on y proclame notre amour !

———————

Bientôt l'heureuse sympathie,
Entre le prince et ses sujets,
Fera naître cette harmonie

D'amour, d'ivresse et de bienfaits.
Alors nous reverrons la France,
Forte de gloire et de puissance,
Renaître avec plus de splendeur ;
Car un bon prince est sur la terre
L'appui, le protecteur , le père
De la justice et du bonheur.

———

Français, dans l'ardeur qui nous presse,
Livrons-nous sans crainte au plaisir.
Puisque ce doux moment d'ivresse
Est le garant de l'avenir,
De nos erreurs, de nos querelles,
Oublions les suites cruelles
Et les tristes divisions ;
Prenons notre cœur pour arbitre ;
Être Français, quel plus beau titre
Quand pour Rois on a des Bourbons ?

———

O ! Dieu de paix et de justice,
Dieu tout-puissant, Dieu protecteur
Jette sur nous un œil propice,
Et souris à notre bonheur !
Protège un auguste hyménée
En veillant sur la destinée
Des Princes que nous chérissons.
Dans les Bourbons c'est ta clémence,
C'est ta sublime bienfaisance,
Ta grandeur que nous adorons !

———

www.ingramcontent.com/pod-product-compliance
Lightning Source LLC
Chambersburg PA
CBHW051233030726
47595CB00003B/879